저희, 곰새기

일러두기

- 이 책의 글과 그림은 '생명다양성재단' 소식지 <하늘다람쥐>(2013~2017년)에 실렸던 내용이며, 어린이책에 맞게 재편집하였습니다. 그리고 2018년 소식도 보탰습니다.

- 제목인 '저디, 곰새기'는 '저기, 돌고래'라는 의미의 제주어입니다. 바다로 돌아간 돌고래들을 보고 반갑게 '저기, 저기!' 할 때의 흥분과, 가능하면 사람과 거리를 두고 저기 저 바다에서 잘 지내기를 바라는 마음을 담아 붙인 제목입니다.

- 43~47쪽의 글은 김준영 그림작가가 썼습니다.
  장수진 저자와 함께 제주 방류 돌고래 연구에 참여했었습니다.

빨래판
과학책

제주 돌고래, 동물 행동 관찰기

저듸, 곰새기

*저기, 돌고래의 제주어

글·사진 **장수진** | 그림 **김준영**

아이들은
자연이다

차례

들어가며
- 제돌이와 제돌이를 관찰하는 과학자는 어떻게 만났을까? _ 6
- 남방큰돌고래는 어디서 살고 무얼 먹을까? _ 8

1부 잘 가!

성격이 다른 제돌이, 춘삼이, 삼팔이 _ 14

가깝고도 먼 돌고래, 관찰하고 기록하기 _ 19

스스로 떠난 삼팔이 _ 23

가장 중요한 능력이 돌아왔어요 _ 27

제돌이는 1; 위성 추적 장치와 동결 표식 _ 31

제돌이와 춘삼이가 바다로 가던 날 _ 35

누구나 제주의 돌고래를 볼 수 있다! _ 39

특집

관찰 일기 쓰기 _ 43

2부 잘 지내?

2016년 봄
제돌이, 춘삼이, 삼팔이 그리고 시월이 _ 52
- 새로 생긴 가족
- 독자적인 사회생활

2016년 여름
춘삼이 소식입니다! _ 58
- 엄마가 된 춘삼이
- 관찰을 멈춘다면?

2016년 가을
새로운 친구 담이를 만난 날 _ 61
- 원담을 찾아온 돌고래
- 원담에 놀러오는 담이
- 돌고래를 보호하는 방법은?

2017년 여름
또 다른 방류 소식! _ 64
- 금등이와 대포를 찾습니다
- 끝나지 않은 시월이 이야기
- 돌고래들, 잘 지내지?

나가며
- 웃지 않아도 괜찮아 _ 73
- 모두 이름이 있어요 _ 74

들어가며

제돌이와
제돌이를 관찰하는 과학자는
어떻게 만났을까?

2009년 5월 제주도에서 어부가 쳐둔 커다란 그물에 돌고래 한 마리가 들어왔습니다. 육지에서 200m쯤 떨어진 가까운 바다에 물고기를 잡으려고 설치한 정치망이었습니다.

너비가 25m 넘는 넓은 정치망 안에는 전갱이를 비롯한 다양한 물고기들이 가득 있었고, 돌고래는 그물 안으로 들어온지도 모른 채 신나게 물고기를 잡아먹고 있었습니다. 정치망에 잡힌 돌고래는 수족관으로 옮겨졌습니다. 그 돌고래는 제주의 한 수족관에서 몇 달 동안 지내다가 서울대공원의 바다사자 두 마리와 맞바꾸게 되면서 서울로 왔습니다. 그렇게 제주 앞바다에서 우연히 잡힌 돌고래는 바다로 돌아가지 못했습니다. 누구 이야기인지 아시나요? 네, 남방큰돌고래 '제돌이' 이야기입니다.

어디서나

관찰

제주도에서는 남방큰돌고래를 '곰새기', '수애기'라고 부릅니다. 우연히 그물에 걸렸다가 사람들에 의해 사고 팔리며 수족관으로 가게 된 곰새기는 제돌이 한 마리가 아니었습니다. 일부는 수족관에서 죽기도 했고, 일부는 다른 수족관으로 팔려가기도 했습니다. 이 과정에서 불법적인 거래가 있었다는 것이 확인되었고, 그때까지 살아남았던 제돌이, 춘삼이, 삼팔이, 복순이, 태산이는 다행스럽게도 2013년에서 2015년에 걸쳐 고향인 제주 바다로 돌아갈 수 있었습니다.

돌고래들을 바다로 돌려보내는 '방류'를 준비하며 돌고래 연구팀이 꾸려졌습니다. 방류 과정에서 연구팀은 돌고래들의 행동을 관찰하는 역할을 맡았습니다. '수족관 → 방류 훈련지(가두리) → 야생(바다)'으로 옮겨지는 과정을 함께했습니다.

2013년 여름, 처음으로 세 마리의 돌고래를 방류했습니다. 방류한 뒤에도 연구팀은 돌고래들이 거친 야생의 바다에서 살아남아서 잘 지내는지를 관찰하며, 제주 지역에 살고 있는 남방큰돌고래들로 연구 영역을 넓혔습니다. 그리고 지금까지 쭉 제주에서 돌고래들을 관찰하고 있습니다.

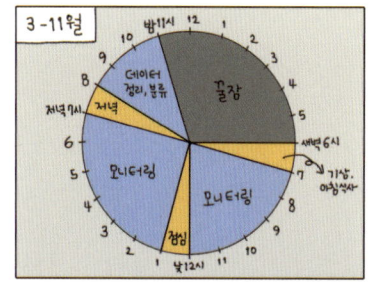

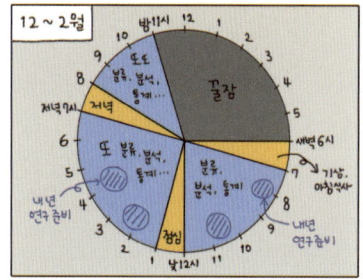

관찰하고 기록하기

남방큰돌고래는 어디서 살고 무얼 먹을까?

● 분포

아프리카, 한국, 일본, 인도네시아, 호주 등 인도양과 태평양 연안의 온대와 열대 바다에 걸쳐 분포하고 있습니다.

한국에서는 제주도에서만 삽니다. 남방큰돌고래는 깊은 바다가 아닌 수심 30m 이내, 육지와 가까운 바다에서 1년 내내 머물러 사는 연안 정착성 돌고래입니다.

남방큰돌고래가 사는 곳

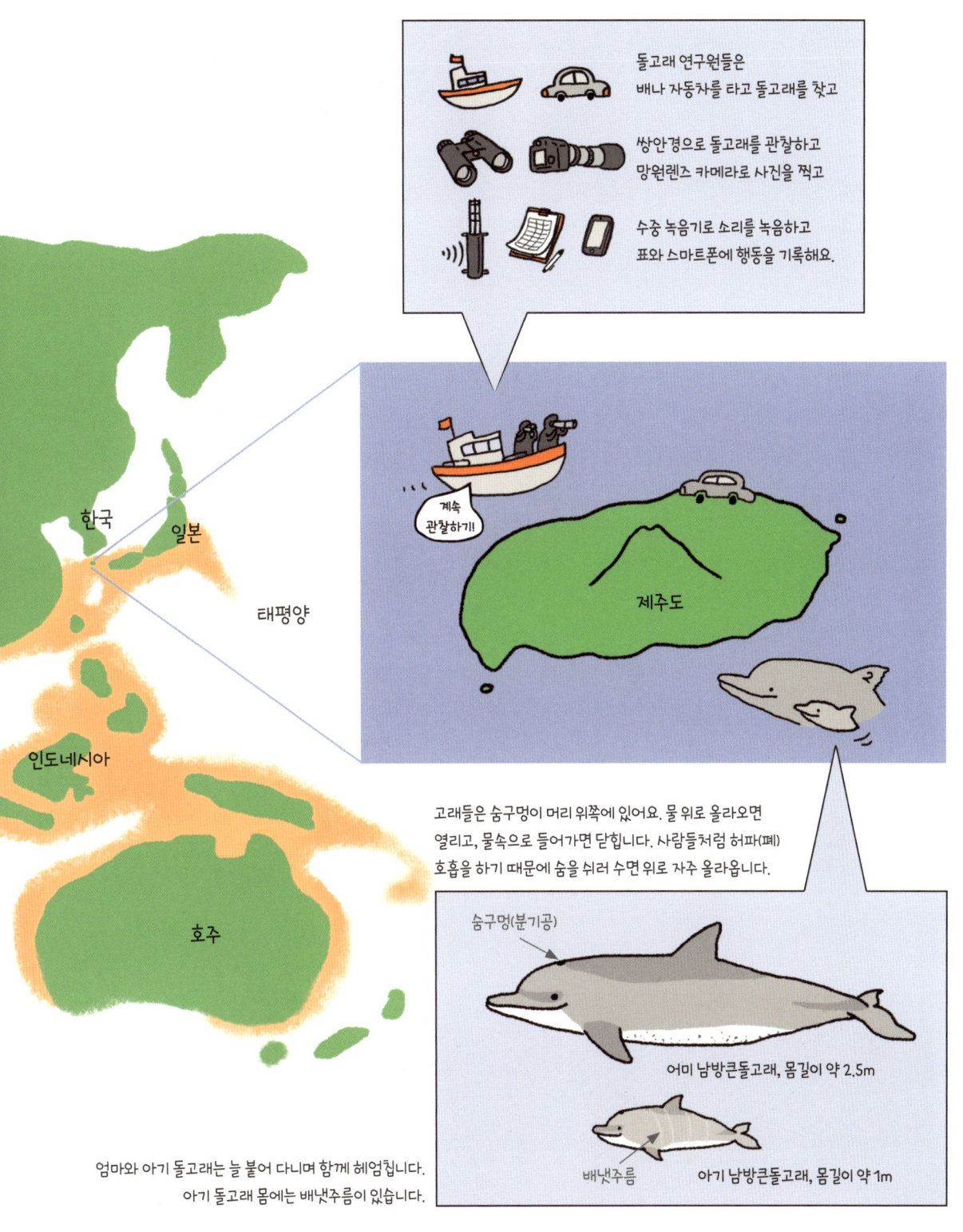

● 행동

제주에는 현재 모두 합쳐 110~120마리 정도의 작은 개체군(일정한 지역에 모여 사는 같은 생물종의 집합)이 있습니다. 이 돌고래들은 항상 모두 뭉쳐 다니지는 않습니다. 적게는 1마리만 홀로 다니기도 하고, 20~50마리 정도가 모여 무리를 만들어 다니는 경우가 잦습니다. 많을 때에는 100마리가 넘는 모든 개체들이 함께 모여 이동하거나 사냥을 하기도 합니다.

이렇게 한 집단에 속하는 개체들이 작은 무리를 이루어 헤어졌다가 다시 만나고 모였다가 헤어지는 것을 반복하는 행동을 '이합집산'이라고 합니다. 남방큰돌고래들은 이합집산을 반복하며 서로 친밀감을 표시하거나 장난을 치기도 하고 사냥도 합니다.

먹이로 삼는 것은 다양한 종류의 물고기와 오징어, 갑각류 등입니다. 홀로 먹이를 사냥하여 한입에 삼켜 먹거나, 먹이가 너무 크면 이리저리 흔들어 한입 크기로 잘라 먹기도 합니다. 커다란 무리로 떼 지어 다니는 고등어나 전갱이, 오징어 등을 사냥할 때에는 여러 돌고래가 서로 도와 물고기 떼를 한 곳으로 몰아 사냥하는 모습도 볼 수 있습니다.

놀이 행동:
해조류를 지느러미에 걸고 헤엄치기도 하고,
물고기나 해조류를 던지며 놀기도 합니다.

● 한살이

다 자란 남방큰돌고래의 몸길이는 약 2.5m입니다. 몸은 진한 회색빛을 띠는데, 배 쪽은 좀 더 희고 밝은색이며 다 자란 돌고래는 배 쪽에 검은 반점이 나타납니다. 갓 태어난 새끼는 1m가 채 되지 않습니다. 어미는 약 12개월간 새끼를 배 속에 품고 있다가 출산합니다. 새끼는 태어날 때에 꼬리부터 나옵니다. 갓 태어난 새끼의 몸에는 '배냇주름'이 있습니다.

젖을 먹고 자라는 포유류이며, 2~5년가량 어미를 따라다니며 바다에서 살아가는 방법을 배워갑니다. 12~15살이면 완전히 성숙하여 새끼를 낳을 수 있습니다. 자연에서 40년가량 살아갑니다.

제주에 방류한 남방큰돌고래의 이름과 특징

이름	제돌*	춘삼	삼팔	복순	태산	금등	대포
종명	남방큰돌고래(학명 Tursiops aduncus)						
포획된 날	2009년 5월 1일	2009년 6월 23일	2010년 5월 13일	2009년 5월 1일	2009년 6월 24일	1998년 8월 20일	1997년 9월 9일
방류 때 나이 (추정)	14-15살	13살	10-12살	17살	20살	25-26살	23-24살
수족관에서 보낸 기간	4년	4년	3년	6년	6년	19년	20년
방류한 날	2013년 7월 18일			2015년 7월 6일		2017년 7월 18일	

* **제돌이:** 2007년 11월 14일 국립수산과학원 고래연구소(현 고래연구센터)가 제돌이를 야생에서 발견한 기록이 있었습니다(당시 고래연구센터 식별번호 JBD009). 잡히기 전 바다에 자유롭게 살던 돌고래였던 겁니다.
제돌이는 불법으로 거래되어 제주도의 한 수족관에 있다가 서울대공원으로 옮겨옵니다. 이후 제돌이가 알려지고, 돌고래를 원래 살던 바다에 방류하자는 여론이 힘을 얻어, 제돌이, 춘삼이, 삼팔이 세 마리를 2013년 우리나라에서 처음 방류하게 됩니다. 이후 복순, 태산과 금등, 대포를 방류합니다.

1부는 제돌이, 춘삼이, 삼팔이를 방류한 2013년의 기록입니다. ••▶

1부

잘 가!

돌고래와 함께 생각하는 **돌고래 행동**

심심한 제돌이

호기심 많은 삼팔이　　　우직한 춘삼이

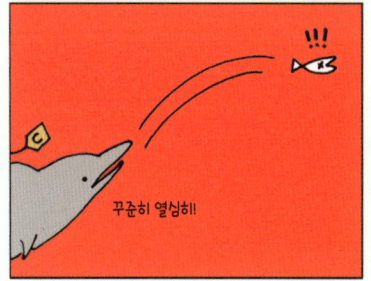

궁금한 건 못 참아.　　　끈기 있게 노력해.

성격이 다른
제돌이, 춘삼이, 삼팔이

지난 2013년 7월 18일, 수족관에 살던 남방큰돌고래인 제돌이와 춘삼이, 삼팔이가 모두 방류되었습니다. 지금 제주 바다를 열심히 활개치고 다니는 이 세 돌고래들이 바다로 다시 가게 되기까지 크고 작은 일들이 많았습니다.

연구자들은 적당한 거리를 두고 돌고래의 온갖 행동을 관찰합니다. 그냥 보면 되는 것 아니냐고 묻기도 하지만 무엇을, 어떻게 관찰할지를 결정하고 관찰한 자료들이 어떤 의미를 가지고 있는지 알아낼 때까지 긴 과정이 필요합니다.

돌고래들이 바다에 나가기 전까지 연구팀은 수족관부터 관찰을 했습니다. 방류 적응 훈련을 하는 가두리로 옮기고 나서는 이들의 행동을 관찰하며 건강에 문제는 없는지, 먹이를 사냥할 능력이 충분한지, 바다에 나가서 야생의 돌고래들처럼 살아나갈 수 있는지를 관찰했습니다. 돌고래들이 방류된 후에는 멀찌감치에서 그들을 따라다니며 관찰하고 있습니다. 잘 살고 있는지, 문제는 없는지, 야생 무리와 합류했는지, 새끼를 낳았는지 등을 돌고래들이 보여주는 행동을 보며 알아보고 있지요.

오랫동안 돌고래들을 지켜보며 알게 되었습니다. 제돌이, 춘삼이, 삼팔이는 성격이 그야말로 무척 달랐습니다.

사람처럼 표현하자면 삼팔이는 호기심이 많고, 제돌이는 좀 늦된 편입니다.

춘삼이는 신중하고 우직합니다. 삼팔이가 호기심에 새로운 것에 도전을 잘하는 반면, 춘삼이는 차분히 지켜보다가 끈기 있게 여러 번 연습하여 하고 싶은 일을 해냅니다.

돌고래들의 생김새는 사람이 보기에 거의 비슷합니다. 구별하기 위한 몇몇 특징들이 있긴 하지만 알아채기 쉽지 않지요. 성격과 마찬가지로 이 만화에 등장하는 돌고래들의 외모에는 그들의 실제 모습이 반영되어 있습니다. 그래도 한눈에 구분하기가 쉽지 않습니다. 그래서 그림에서 눈에 띄도록 이름표를 그려 두었습니다.

제돌이, 춘삼이, 삼팔이는 성격이 그야말로 무척 다르다는 것을 알게 되었습니다.
사람처럼 표현하자면 삼팔이는 호기심이 많고, 제돌이는 좀 늦된 편입니다.
춘삼이는 신중하고 우직합니다.

돌고래와 함께 생각하는 **돌고래 행동**

신분증이 필요해

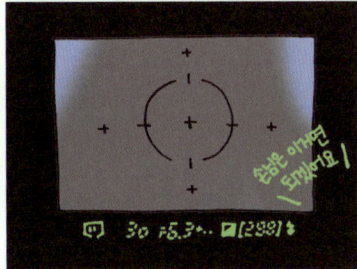

※ 주의: 주기적으로 사진 갱신 요망

뭐하니~?

가깝고도 먼 돌고래, 관찰하고 기록하기

돌고래 연구를 한다고 하면 자주 듣는 이야기가 있습니다. 돌고래들이 지능이 높다던데 사람을 알아보느냐, 연구팀에게 말을 거느냐, 만져볼 수 있어서 좋겠다 등등.

돌고래와 연구자들은 가까우면서도 먼 존재입니다. 매일같이 오랜 시간을 관찰하지만 언제나 거리를 유지하고, 절대 건드리지 않으며, 그들이 보내는 어떤 행동에도 반응을 보이지 않습니다. 연구자의 개입으로 돌고래의 행동이 바뀌면 안 되거든요. 아침부터 저녁까지, 멀찌감치 떨어진 채로, 가능한 연구자들은 움직임을 줄이고, 하염없이 그들을 보고 행동을 기록합니다.

돌고래들을 구분하기 위하여 연구자들은 돌고래의 등지느러미를 이용합니다. 짧은 시간 가장 확실하게 알아볼 수 있으며 등지느러미에 난 상처는 개체마다 모두 다르기 때문입니다. 야생에서 돌고래를 만나면, 우리는 가능한 한 많은 사진을 찍습니다. 그리고 새로 생겨난 상처는 없는지, 관찰한 여러 정보들과 함께 기록해 둡니다. 이러한 자료들이 쌓여 우리 바다

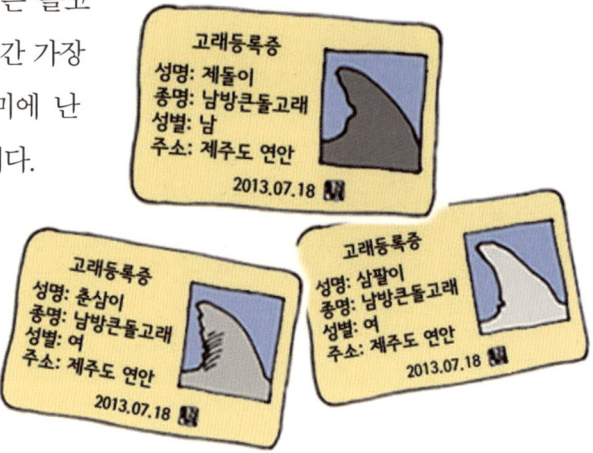

에 사는 돌고래가 몇 마리인지, 새로 태어나거나 사라진 개체는 없는지 알게 되는 거지요.

두 번째 만화의 암호 같은 글자들은 우리가 돌고래의 행동을 관찰하고 기록하는 용어들입니다. 보통 돌고래의 이름을 맨 앞에 적고, 관찰하다가 행동을 재빨리 기록하기 위해 약어(준말)를 사용합니다.

J 제돌이는 수면 위에 둥둥 떠서 휴식을 취하고 있습니다.
SFR은 수면(Surface)과 휴식(Rest)의 약어입니다.
C 춘삼이는 수영하며 놀이를 하고 있습니다. 해조류를 가지고 놀아요.
'w/sw'는 미역을 가지고(with seaweed), 'PLY'는 놀다(Play)의 약어입니다.

J, C, S 세 마리 모두 수면 휴식과 호흡을 하고 있습니다.
'B'는 호흡(breathing)의 약자입니다.
보통 야생에서 돌고래는 밤에도 쉼 없이 움직입니다.
그런데 지금은 가두리 안에 있어서 멈추어서 쉬고 있습니다.

J 제돌이는 여전히 수면 위에 떠서 쉬고 있습니다.(SFR)
그렇다면 S 삼팔이는 무엇을 하고 있을까요?
높이 뛰어오르고 있어요!
'JMP'는 뛰어오르기(jump), 'H'는 높다(high)의 약자입니다.

가장 복잡한 행동 기록표가 보이네요.
J 제돌이가 C&S 춘삼이, 삼팔이와 함께 헤엄칩니다(동조 유영).
'SP(D, S, BDO)'는 풀어 쓰면 'swimming in pair (deep, straight, belly down)' 입니다. 물속에서 배를 아래로 하여 직선 방향으로 곧게 나아가는 것을 의미합니다.
PRL은 나란히(parallel) 대형을 이루어 움직이는 행동을 기록한 것입니다.

실내 수족관에서 지내던 돌고래들답게 피부가 반질반질 했었는데 세 마리의 돌고래는 이제 바다에 나가 근육도, 자잘한 상처도 많이 늘었습니다. 저희는 앞으로도 멀찌감치서 이들에게 더해지는 상처들을 기록해갈 생각입니다. 가능한 그 작업이 오랫동안 이어질 수 있기를 바랄 뿐입니다.

숨구멍(분기공)

고래나 돌고래가 숨을 쉴 때 마치 물기둥이 솟아오르는 것처럼 보이는데, 몸 안의 따뜻한 공기가 숨구멍을 통해 밖으로 나오며 외부의 차가운 공기와 만나 수증기가 되기 때문입니다. 숨을 쉴 때에 사진처럼 분기공을 열고, 물속에 들어가면 구멍을 닫습니다.

돌고래를 만나면,
가능한 한 많은 사진을 찍습니다.
그리고 새로 생겨난 상처는 없는지 등을
여러 정보들과 함께 기록해 둡니다.
이러한 자료들이 쌓여
우리 바다에 돌고래가 몇 마리인지,
새로 태어나거나 사라진 개체는 없는지를
알게 되는 거지요.

# 돌고래와 함께 생각하는 **돌고래 행동**

삼팔이가 발견한 것은?

바다!

삼팔아, 어디 가!

가버렸어….

스스로 떠난
삼팔이

2013년 6월 22일 아침, 방류를 한 달쯤 앞둔 어느 날이었습니다. 배를 타고 돌고래들을 관찰할 준비를 하고 있을 때였습니다. 돌고래들이 방류하기 전에 머무는 가두리 밖에 돌고래 한 마리가 쓱 지나갑니다. 사람들에게 이야기하니 아마도 야생 돌고래 아니겠냐고 합니다. 당시에는 냉동 표식(freeze branding: 등지느러미에 표식을 새겨 인식을 쉽게 하는 방법)을 하지 않았기 때문에 개체 식별은 오로지 눈썰미만으로 해야 했습니다.

아무리 봐도 우리 돌고래 같습니다. 그 돌고래는 엄청나게 큰 해조류를 등에 걸고 신나게 놀고 있습니다. 가두리 안을 확인합니다. 아무리 살펴봐도 제돌이와 춘삼이만 눈에 띕니다.

"삼팔이다!!!!!!!!!!"

야생 돌고래가 아니라 가두리 안에 있던 호기심 많은 삼팔이였습니다.
"삼팔이가 어떻게 나간 거지?"
그야말로 초비상 사태였습니다. 보통 야생으로 돌아갈 준비를 하는 돌고래에게 사람이 접근하는 것은 가능한 줄이는 것이 좋습니다. 가두리 관리를 해야 하기에 전문 잠수사가 3일에 한 번 가두리 주변 그물들을 확인하는 정도입니다. 그런데 그즈음 며칠 동안 태풍과 비바람 때문에 그물 확인을 하러 바다에 들어가지 못했습니다. 설상가상으로 그 전날은 밀물과 썰물의 차이가 가장 큰 날이었습니다. 물살 때문에 가두리 그물이 바닥의 돌에 걸렸다가 떠오르면서 구멍이 생겼고, 새로운 걸 보면 가만있지 못하는 삼팔이가 구멍을 비집고 밖으로 나간 거였지요.

밖으로 나간 삼팔이는 우리가 목청껏 불러도 가까이 오지 않고 몇 시간을 가두리 주변에서 놀다가 지나가는 큰 배 옆에서 자연스럽게 파도를 타며 먼 바다로 나가버렸습니다. 그날 연구팀은 배를 따라 멀리 떠나가는 삼팔이를 멍하게 바라만 보았습니다.

만일 삼팔이가 먹이를 잘 먹지 못하거나 사람에게 먹이를 구걸했었다면 강제로라도 가두리로 데려와야 했을지도 모릅니다. 그러나 삼팔이는 그 당시 가두리 안의 세 돌고래 중 가장 사냥을 잘 했습니다. 우리는 삼팔이를 잡아오는 대신에 관찰하기로 결정했지요.

불과 3일 뒤, 삼팔이는 제주의 야생 남방큰돌고래 무리 사이에서 발견됩니다! 돌고래 방류가 결정되었을 때, 많은 사람들이 수족관에 4년이나 갇혀 있던 돌고래들이 야생 바다에 적응하지 못할 것을 걱정하였습니다. 그걸 이유로 방류를 반대하는 사람들도 있었습니다. 그런 걱정이 무색하게 삼팔이는 스스로 야생으로 돌아갔고, 여전히 저 넓은 바다에서 잘, 그리고 자유롭게 지내고 있습니다.

해조류

돌고래는 바다의 다양한 물체로 놀이를 합니다. 가장 대표적인 놀잇감이 해조류입니다. 남방큰돌고래를 관찰하다 보면 크고 작은 해조류를 등·가슴·꼬리지느러미에 걸고 헤엄치거나 입으로 물어 휘두르는 행동을 볼 수 있습니다.

삼팔이는 그 당시 가두리 안의 세 돌고래 중에
가장 사냥을 잘 했습니다.
우리는 삼팔이를 잡아오는 대신에
관찰하기로 결정했지요. 불과 3일 뒤,
삼팔이는 야생의 남방큰돌고래 무리 사이에서
발견됩니다!

 돌고래와 함께 생각하는 **돌고래 행동**

잡아? 말아?

맛없어! 맛있어!

가장 중요한 능력이 돌아왔어요

돌고래를 방류하기 위해서 가장 중요한 것은 스스로 먹이를 먹을 수 있는 능력을 되살려 주는 일입니다. 몇 년 간 수족관에서 두어 가지 종류의 죽은 먹이만을 받아먹고, 좁은 공간에서 아주 적은 운동량을 유지하며 생활했기 때문에 쌩쌩한 살아있는 물고기들을 사냥하기 어려워합니다. 제돌이가 수족관에서 처음 활어를 받던 날, 겨우 고등어를 보고도 놀라 도망가기 바빴습니다. 야생에 나가서는 온갖 종류의 물고기를 스스로 잡아먹을 수 있어야만 야생의 삶을 이어나갈 수 있기 때문에, 방류의 성공을 결정하는 가장 큰 열쇠는 돌고래들의 사냥 본능을 일깨워주는 것입니다.

가두리에서

다른 나라에서 이루어진 돌고래들의 방류와 우리의 가장 차별화된 점은 가두리에서 방류를 기다리는 동안 모두 활어만을 주었다는 점입니다. 정치망(물고기를 잡는 커다란 그물)으로 잡힌 살아있는 물고기를 먹이로 주었습니다. 정치망에 잡혀서 수족관에 갇히는 신세가 되었었지만, 정치망 덕을 본 셈이기도 합니다. 방류 훈련 초기, 물고기들에게는 미안한 일이지만 돌고래들이 물고기의 수영 실력을 미처 따라가지 못해 사람이 인위적으로 물고기들을 살짝 기절시켜 주었습니다. 조금씩 물고기 사냥에 익숙해질수록 점점 더 활기찬 물고기들을 주었지요.

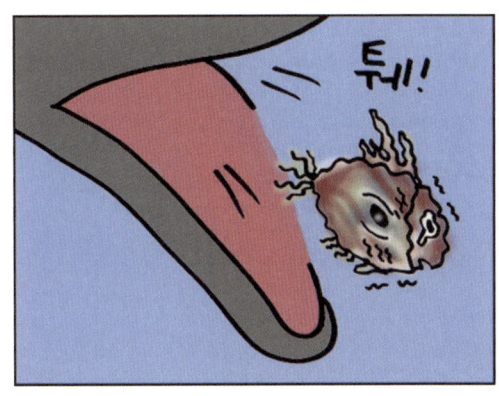 

날마다 15kg 정도의 물고기를 먹어야 하지만 처음에는 한 마리 따라가 잡아먹고 30초 쉬고, 다음 한 마리 따라가 잡아먹고 30초 쉬기를 반복했습니다. 그러다 한 달쯤 지나면서 헤엄치는 자세를 자유자재로 바꿔가며 쉼 없이 물고기를 쫓고, 급정거와 급회전도 하게 되었으며, 가시가 있는 생선도 입에 상처가 나지 않도록 요령 있게 잡아먹는 능력도 생겼습니다.

방류 훈련을 마칠 무렵에는, 제주도에서 잡히는 수십 종의 살아 있는 물고기를 주었습니다. 이제 물고기들을 쭉 훑어본 후, 좋아하는 종류의 물고기를 다 잡아먹고 난 후에야 좀 덜 맛있는(!) 물고기들을 쫓아가는, 먹이에 대한 선호도가 생긴 것을 확인할 수 있었습니다. 물고기를 바로 먹지 않고 가는 길을 막거나 던지고 노는 등 장난도 칠 수 있게 되었습니다. 먹이를 가지고 장난을 치거나, 다양한 방식으로 헤엄치는 행동은 야생의 돌고래에게 자주 관찰됩니다.

바다로 돌아간 돌고래들은 이제 야생의 무리와 함께 다니며 대형을 짜서 물고기를 몰아 사냥을 합니다. 때로는 꼬리로 물을 때려 동료와 먹이 사냥 신호를 주고받거나, 물고기를 다 먹고 나서도 동료들을 위해 물고기 떼를 잡아두는 수준의 사냥 능력을 갖게 되었습니다. 가장 중요한 능력이 살아났습니다. 뿌듯한 일입니다.

야생에 나가서는 온갖 종류의 물고기를
스스로 잡아먹을 수 있어야만
야생의 삶을 이어나갈 수 있기 때문에,
방류의 성공을 결정하는 가장 큰 열쇠는
돌고래들의 사냥 본능을 일깨워주는 것입니다.

 돌고래와 함께 생각하는 **돌고래 행동**

위치를 찾아라!

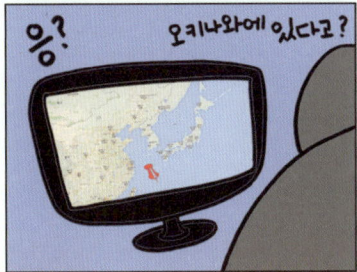

우리 눈앞에 있는데!

돌고래 이름표

제돌이는 1
: 위성 추적 장치와 동결 표식

방류하기 전, 돌고래들에게 관찰과 추적을 쉽게 할 수 있는 두 가지 조치를 했습니다. '위성 추적 장치'와 '동결 표식'입니다.

위성 추적 장치는 인공위성으로 위치를 확인하는 장치입니다. 추적 장치를 달았으니 야생에 나간 돌고래가 어디에 있는지 언제 어디서나 찾을 수 있을 거라고 생각합니다. 마치 영화처럼, 어딘가에 접속하면 짜잔~! 하고 실시간으로 돌고래의 위치를 찾아서 볼 수 있다고 말입니다. 그러나 언제나 현실은 영화와 다르죠. 위성으로 하루에 두 번 돌고래 위치에 대한 데이터를 받습니다. 오전에 한 번, 오후에 한 번. 이 데이터는 그 전날의 데이터입니다. 데이터를 받은 시점에 돌고래는 이미 다른 곳에 가 있을 수도 있는 겁니다. 위성 데이터가 가끔 잠깐씩 잘못 잡히는 경우도 있었습니다.

그러면 위성 데이터는 왜 필요할까요? 사람이 직접 보지 못하는 순간에도 지속적으로 어디 있는지를 확인할 수 있다는 장점이 있습니다. 꼬박꼬박 주기적으로 쌓이는 데이터를 이용해서 돌고래들이 어떤 길로 이동하는지, 어떤 위치에 자주 나타나는지를 확인할 수 있는 것입니다. 먼 거리를 이동하는 동물들의 생태를 연구하기 위해 가장 기초적인 정보 중 하나입니다. 장치가 작동하는 기간이 길수록 신뢰도 높은 자료를 쌓아나갈 수 있습니다. 방류된 돌고래들의 경우에는 안타깝게도 방류 후 2주 정도의 짧은 기간 동안만 작동했습니다. 그리고 그 뒤에는 연구팀이 발로 뛰어 찾아다니고 있지요.

위성 추적 장치는 배터리를 이용해서 작동하고, 작동이 멈춘 후에 계속 붙어있을 필요가 없기 때문에 시간이 지나면 등지느러미에서 떨어지도록 제작됩니다. 지금은 제돌이와 춘삼이 모두 위성 추적 장치가 떨어져 나간 상태입니다.

동결 표식은 등지느러미에 표식을 새기는 방법입니다. 드라이아이스 등으로 차갑게 만든 금속 주형을 돌고래의 등지느러미에 대어 일종의 흉터를 남기는 것입니다. 돌고래 무리를 발견했을 때, 우리는 이 표식으로 방류한 돌고래들을 멀리서도 알아볼 수 있습니다. 어부들이 방류된 돌고래들을 보고 제보를 해주기도 합니다. 바로 알아볼 수 있어서 보통 사람들도 방류 개체들에게 더 친근함을 느끼게 되기도 하지요.

두 가지 방법은 모두 돌고래의 행동, 다른 개체와의 교류, 그리고 생존에는 문제가 없다고 밝혀졌습니다. 연구를 하는 입장에서는 이러한 것들로 인하여 관찰이 쉽고 이들의 생활을 확인할 수 있는 유용한 방법입니다. 그러나 야생 동물에 대한 인간의 과도한 개입이라는 의견도 있습니다. 여러분은 어떻게 생각하십니까? 우리는 동물의 삶에 어디까지 개입할 수 있을까요? 각자의 의견은 모두 다를 수 있습니다. 한번쯤 생각해 볼 만한 문제입니다.

제돌이의 동결 표식은 숫자 '1'입니다.

돌고래 무리를 발견했을 때,
이 표식으로 방류 개체들을 바로 알아볼 수 있습니다.
어부들이 방류된 돌고래들을 보고
제보를 해주기도 합니다.
바로 알아볼 수 있어 방류 개체들에게
더 친근함을 느끼게 되기도 하지요.

 돌고래와 함께 생각하는 **돌고래 행동**

물 위의 사람들

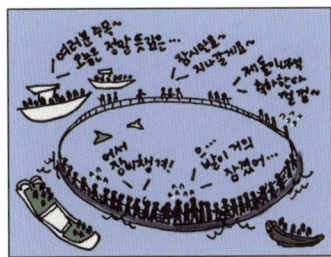 

 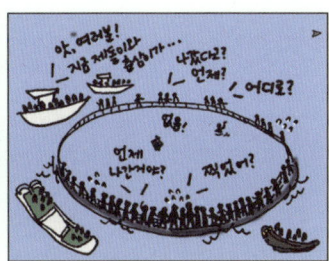

"시끌시끌"

물속의 돌고래들

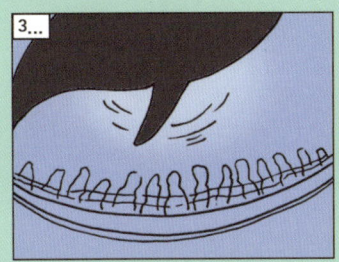 

"가자!"

제돌이와 춘삼이가
바다로 가던 날

2013년 7월 18일은 잊을 수 없는 날입니다. 두어 달 넘게 가두리 안에 있던 돌고래들이 야생으로 돌아가기로 한 날이거든요. 돌고래들이 편안한 마음으로 나갈 수 있도록 가두리 한 쪽의 그물을 풀어 출구를 만들었습니다. 돌고래들을 밖으로 몰아내는 것이 아니라 돌고래들이 가두리 바깥 환경을 천천히 살펴보고 충분히 안전하다고 느낄 때 스스로 나갈 수 있도록 한 것이었습니다. 만에 하나, 야생으로 돌아간 돌고래들이 다시 가두리로 돌아오고자 한다면 와서 안전하게 쉴 수 있도록 며칠간 가두리를 열어 두기로 결정한 상태였습니다.

물 위

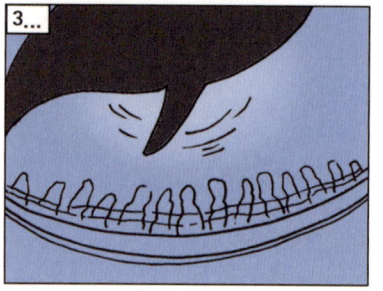
물속

가두리 위에는 연구진, 시민 위원회 외에도 수많은 기자와 취재진이 올라와 있었습니다. 돌고래들이 나갈 수 있도록 터 둔 쪽은 몰려든 사람들의 무게로 가두리가 기울어 신발이 물에 젖어버린 사람도 여럿 있었습니다. 가두리는 열려 있었으나 돌고래들은 한참 지나도 도통 나갈 기미를 보이지 않았습니다. 평소보다 다소 빠른 호흡을 하며 가두리 안을 헤엄치고 있을 뿐이었지요. 한참을 기다리는데 돌고래를 보기 위해 물에 들어갔던 잠수부 중 한 명이 올라와 수신호와 함께 큰 소리로 외칩니다.

"돌고래가 보이지 않아요. 나간 것 같습니다!"

아무도 나가는 모습을 보지 못했습니다. 사실 돌고래들은 활짝 열어둔 입구가 아닌 반대쪽에 슬그머니 그물을 내려둔 곳으로 나갔던 것입니다. 많은 사람들이 모두 처음에 바다 쪽으로 만든 큰 입구에만 집중하고 있었기 때문에 누구도 두 마리의 돌고래가 야생으로 나가는 모습을 확인하지 못했습니다. 다행히도 미리 설치해둔 카메라에 이들의 움직임이 살짝이나마 포착되었습니다.

돌고래들이 슬그머니 가 버린 것은 열려 있던 반대쪽의 입구를 우연히 발견했기 때문일 수도 있습니다. 그러나 어쩌면 방류를 환영하고자 모인 사람들의 소음이 돌고래들을 불안하게 했기 때문일지도 모릅니다. 물 위의 발소리와 목소리, 가두리의 삐걱거림은 그대로 물속으로 전달되었을 겁니다. 여러 사람을 통제하기 위해서 확성기를 사용하던 사람도 있었습니다. 문은 바다로 활짝 열려 있었으나 돌고래들은 그 위에서 발생하는 시끄러운 소리를 생생하

물 위

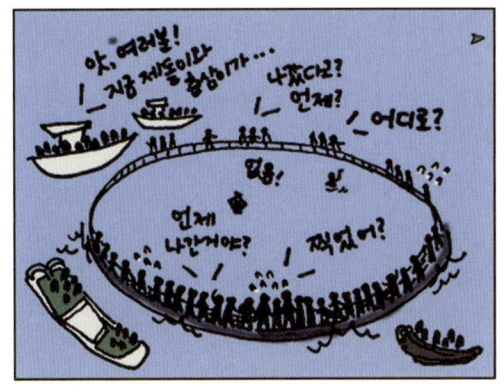

물속

게 느꼈을 테고, 그 문이 그들을 자유롭게 만들어줄 통로라고 생각하지 못했을 수 있지요.

가두리 안에서도 그리 친해 보이지 않던 제돌이와 춘삼이는 밖으로 나가자마자 서로 반대 방향으로 갈라집니다. 제돌이는 서쪽으로 이동하여 다려도라는 섬 근처에서 확인되었고, 춘삼이는 동쪽으로 이동했습니다. 약 2주 후, 야생 돌고래 무리와 함께 힘차게 헤엄치고 있는 제돌이와 춘삼이를 보았습니다.

그리고 돌고래들은 다시는 가두리로 돌아오지 않았습니다.

만에 하나, 야생으로 돌아간 돌고래들이
다시 가두리로 돌아오고자 한다면
와서 머물 수 있도록 며칠간 가두리를
열린 상태로 두기로 결정한 상태였습니다.
… 돌고래들은 다시는 가두리로
돌아오지 않았습니다.

 돌고래와 함께 생각하는 **돌고래 행동**

오랜만이야!

같이 놀자!

따라해 볼래요?

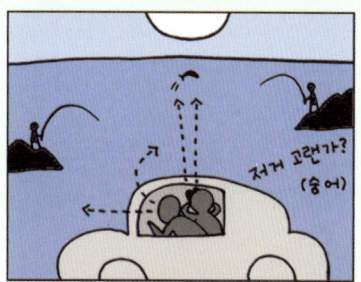

※ 따라하면 안돼요.

누구나 제주의 돌고래를
볼 수 있다!

제주도에서 돌고래를 보려면 어떻게 해야 할까요? 두 가지만 하면 됩니다.

첫째, 제주의 바다를 지켜본다.

둘째, 움직이는 돌고래를 찾는다.

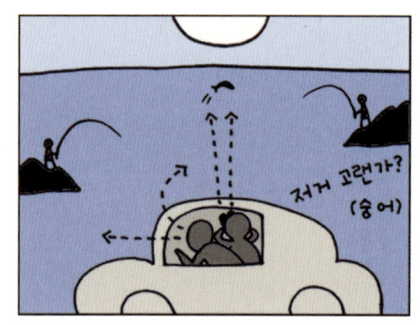

적고 보니 너무 쉬워 보입니다만, 날마다 쉬지 않고 돌아다니는 경로가 일정하지 않은 탓에 연구팀이라 해도 돌고래를 늘 찾는 것은 아닙니다. 그래도 보고 싶으시다면, 해변, 해안가의 정자, 카페, 어디든 괜찮습니다. 한군데 자리를 잡고 앉아 하염없이 바다를 보면 됩니다. 여유가 좀 있다면 요트나 어선을 타고 바다로 직접 돌고래를 찾으러 다니는 것도 가능합니다. 운이 좋다면 일 년 내내 제주도 바다를 돌아다니는 남방큰돌고래들이 여러분이 보고 있는 바로 그 바다를 지날지도 모릅니다.

연구팀이 하듯 해안도로를 따라 돌고래를 찾아다닐 수도 있습니다. 돌고래들은 해안가에서 30m 정도의 거리까지 바짝 붙기도, 2km 이

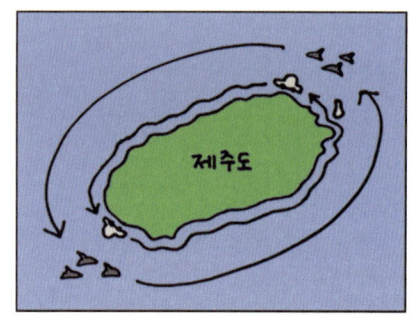

상 멀리 떨어져 움직이기도 하니 시야는 가까운 곳에서부터 먼 곳까지를 계속 훑고 있어야 합니다. 파도, 해녀, 갈매기, 가마우지, 부표, 뛰어오르는 숭어, 해조류와 바다쓰레기 등은 빼세요.

간단히, 돌고래가 아닌 모든 것을 제외하고도 움직이는 작고 검은 물체들이 있다면 바로 그것이 돌고래일 확률이 높습니다. 적게는 2~3마리, 많게는 100여 마리가 무리를 이루어 돌아다니는 돌고래들을 보는 것은 정말 멋진 일입니다. 며칠이고 연달아 돌고래를 발견하기도 하지만 일주일이 넘도록 찾지 못하는 경우도 있지요.

방류한 돌고래들은 결국 야생의 무리에 합류했습니다. 이를 파악하기까지 시간이 걸렸습니다. 외국의 경우, 방류된 뒤 무리에 합류하지 않고 홀로 지내는 개체도 발견되었기 때문에 확실히 무리의 구성원으로 받아들여졌는지 확인이 필요했습니다. 연구팀은 매일같이 해안도로를 돌며 삼팔이, 춘삼이, 제돌이를 찾아 무리에 합류했는지 보았습니다. 무리와 얼마나 자주 함께 관찰되는지, 함께 다니는 무리의 구성원은 누구인지, 기존 야생의 돌고래와 동조 유영(속도, 방향, 호흡 간격 등을 맞추어 유영하는 행동)을 하는지, 무리가 집단으로 사냥을 할 때 그 일원으로 포함되어 함께 사냥을 하는지, 지느러미 비비기(flipper rubbing, 가슴지느러미를 붙이고 헤엄치는 행동) 등 무리의 다른 개체와 친근감을 나타내는 행동이 관찰되는지, 다른 돌고래와 장난을 치는 등 야생의 돌고래 무리에서 나타나는 사회적 행동들을 방류 돌고래들도 하는지 약 3~4개월 동안 관찰했고, 마침내 확실히 무리에 합류했다는 결론을 내릴 수 있었습니다.

돌고래들은 드디어 온전히 자신들이 살던 바다로 되돌아갔습니다.

특집 · 관찰 일기 쓰기

흔들리는 과학자의 마음

2014년 10월, 제주시에서 열린 해양학회에 참석했을 때였습니다. 종일 발표를 듣느라 졸음이 몰려오던 차에 잠이 확 달아나는 전화를 받았습니다. 서귀포 근처에 작은 돌고래 사체가 하나 발견되었다는 것입니다. 다급히 한라산을 넘어 보목포구까지 가 보니 먼저 도착한 연구원이 배로 사체에 접근하고 있었습니다. 우리는 멀리 뭍에서 상황을 살폈습니다. 언뜻 보니 두 마리 같았는데 돌고래인지 물결인지 긴가민가했습니다. 그런데 어쩐 일인지 배는 주위만 맴돌다 결국 해질녘이 되었고 포구로 돌아왔습니다. 자초지종을 들으니 사체가 한 마리인 것은 맞는데 사체 주변을 맴도는 한 마리가 더 있다는 것입니다. 그 돌고래가 너무 격렬하게 경계하는 바람에 배를 사체 가까이 대지 못한 것이었습니다. 우리는 내일을 기약했습니다.

다음 날 아침, 우리는 어제보다 조금 더 서쪽인 법환포구 근처에서 사체를 발견했습니다. 돌고래는 여전히 사체 주변을 떠나지 않았습니다. 영상 장비와 메모로 상황을 기록하면서 가끔 쌍안경으로 상태를 살폈습니다. 해가 눈부시게 비쳤습니다. 바다는 하얀 표면과 까만 물결로만 구분되었고, 작은 사체는 파도를 따라 부드럽게 움직이는 조각배 같았습니다. 그 주위로 등지느러미가 불쑥 올라오더니 사체를 밀어냈습니다. 점점 뭍으로 떠내려 오던 사체는 바다로 조금씩 다시 돌아갔습니다. 돌고래는 그렇게 사체 주위를 맴돌다가 사체를 깊은 바다로 밀어내

사체 주변을 맴도는 돌고래. 멀리 뭍에서 처음 보았을 때 돌고래인지 물결인지 긴가민가했습니다.

는 일을 반복했습니다. 우리는 책임자에게 상황을 전달하며 관찰을 계속했습니다. 그런데 갑자기 캠코더 화면에 물 위로 뛰어오르는(리핑하는) 개체가 잡혔습니다. ('리핑Leaping'은 몸을 수평으로 하여 물 위로 뛰어오르는 것임. 반면, 수직 방향으로 뛰어오르면 '점프Jump'로 행동을 기록함.)

"방금 봤어요?"

꽤 높이 물 위로 뛰어오른 돌고래는 살아있는 돌고래보다 크기가 작았습니다. 한 마리가 더 있는 것일까? 돌고래가 순식간에 물 위로 뛰면 그 크기를 가늠하기 힘듭니다. 더 이상의 리핑은 없었고 연구 책임자와 해양경찰이 돌고래 사체를 인양하기로 결정하기까지 연구팀은 계속 돌고래를 관찰했습니다.

그런데 그 둘에게로 어선이 한 척 다가갔습니다. 어선의 뱃머리는 곧장 사체 쪽을 향하더니 사체를 거의 들이받고 섰습니다. 어민들은 사체를 지켜보며 배를 계속 그 자리에 대고 있었습니다. 그러자 큰 돌고래가 사체를 세게 쳤고, 사체는 배에서 몇 미터 떨어진 곳으로 멀어졌습니다. 큰 돌고래는 등지느러미를 사체에 걸치고 배의 반대 방향으로 밀어내기 시작했습니다. 아주 조금씩 조금씩 파도를 거슬러 사체가 움직였습니다. 이 노력이 무색하게 배는 엔진의 힘을 빌려 자꾸만 둘에게 따라붙었습니다. 그럴수록 큰 돌고래는 더 격렬하게 사체를 밀쳐냈습니다.

'두 돌고래는 무슨 관계일까? 왜 이토록 힘겹게 사체를 지키는 것일까?'
제보를 한 어민들은 그 돌고래가 며칠째 그러고 있다고 했습니다. 사체가 신고 되면 어떻게든 인양해야 하는데 그러기가 미안했습니다. 배는 마지막으로 그 둘에게 다가가는 듯하더니 그대로 멀어졌습니다. 배가 시야에서 사라지자마자 돌고래 한 마리가 또 다시 리펑했습니다.

"봤어요? 확실히 더 작아요!"

확실히 작긴 했는데 헷갈렸습니다. 정말 세 마리였던 걸까요?

"큰 돌고래를 잘못 본 걸지도 몰라요. 저렇게 오래 숨 쉬러 올라오지 않을 순 없잖아요."

다시 큰 돌고래가 사체를 밀치기 시작했습니다. 움직임이 점점 격렬해졌습니다. 사체도 살아있는 것처럼 요동쳤습니다. 한 번 더 밀치자 마침내, 시체가 공중에 붕 떴다가 수면을 치며 떨어졌습니다.

그제야 알았습니다. 우리가 본 건 다른 개체가 아니었습니다. 큰 돌고래가 사체를 쳐올린 거였습니다.

"저러다 탈진하겠다. 최대한 빨리 사체를 건져야겠어."

인양할 수 있는 배를 기다리며 우리가 할 수 있는 건 그 둘을 지켜보는 것밖에 없었습니다. 카메라 렌즈를 통해 보이는 광경은 소리 한 점 없었지만, 돌고래의 울부짖음이 들리는 것 같았습니다. 싸늘하게 식은 아

인양하는 사체를 따라오는 돌고래

이의 주검을 흔들며 제발 숨을 쉬라고 애원하는 어머니의 모습 같았습니다. 돌고래에게 너무 지나친 표현 같지만, 정말로 그랬습니다.

얼마 뒤 해경이 도착했고 사체를 인양하기 시작했습니다. 떠 있는 사체에 고무보트로 천천히 다가갔습니다. 큰 돌고래는 점점 더 거칠게 헤엄쳤고 고무보트는 심하게 출렁였습니다. 사체의 꼬리지느러미를 묶어 배에 연결했습니다. 그리고 포구로 달리기 시작했습니다. 큰 돌고래는 사체를 따라왔습니다. 사체를 따라 헤엄치며 거칠게 숨을 내뿜고 밑에서, 옆에서, 사체를 쳐댔습니다. 배에 묶인 끈은 풀리지 않았고, 사체가 포구에 도착했습니다.

큰 돌고래도 포구까지 왔습니다. 돌고래는 배를 대는 시멘트 제방 바로 앞에서 거친 숨을 몇 번 내뿜더니 시야에서 사라졌습니다. 사체는 부패가 심했습니다. 혀가 퉁퉁 불어 입을 다물지 못했고, 배꼽으로 내장이 튀어나오고 있었습니다. 지느러미는 식별이 불분명했습니다. 우리는 사체에서 분석에 필요한 샘플을 채취했습니다. 그리고 사체는 냉동고로 이송되었습니다.

'큰 돌고래와 작은 돌고래는 어떤 관계일까? 큰 돌고래는 작은 돌고래가 이미 죽었다는 걸 몰랐을까? 며칠이나 사체를 밀어내고 있었던 걸까?'

속사정은 정확히 모르지만 행동이 사람과 참 비슷해 보였습니다. 죽음을 안타까워하는 마음이 아니었다면 저런 행동을 했을까요? 에너지만 소모하고, 생존에도 번식에도 아무 보탬이 안 되는 쓸모없는 행동을 말입니다.

 ## '시월이를 만난 날' 실제 관찰 일지

※ 시간에 따라 간략하게 일정과 돌고래의 행동을 정리한다.
  (*기울임꼴은 돌고래의 행동이다.)

- **2014.10.02** 14:30 서귀포항 부근 해상에 사체가 하나 떠다닌다는 제보 받음.
- **2014.10.02** 15:30 서귀포항 도착. 연구팀1 인근해안도로에서 쌍안경으로 사체 관찰. 연구팀2 서귀포항에서 용선하여 사체로 접근.
- **2014.10.02** 17:00 연구팀2 사체 수거 않고 회항하여 연구팀1과 합류.
- **2014.10.02** 19:00 철수

- **2014.10.03** 08:00 서귀포항 부근 육상 모니터링을 통해 사체 추적
- **2014.10.03** 10:30 법환포구 인근에서 동일한 개체(사체, 주변 개체) 확인. 관찰 시작.
  * 조류에 밀려 해변으로 밀려들어오는 사체를 바다 쪽으로 밀어냄.
- **2014.10.03** 10:40-11:10 어선 3대 사체 1m 이내로 접근하여 촬영하거나 선수로 접근.
  * 흥분했는지 격렬한 반응. 사체를 배 멀리 밀어내거나 아래쪽에서 밀어 올려 마치 살아있는 개체가 뛰어오르는 듯 보임.
- **2014.10.03** 11:30 * 어선 사라진 이후에 잠시 소강. 사체 주변을 머물며 해변 쪽으로 밀려가지 않게 유지.
- **2014.10.03** 11:35 * 사체로부터 200m 지점에 모터보트 지나가자 격렬히 사체를 보트 반대편으로 밀어냄.
- **2014.10.03** 11:45 * 사체로부터 50m 지점에 어선 지나가자 다시 격렬히 사체를 선박 멀리 밀어냄.
- **2014.10.03** 11:45-14:50 * 100-200m 인근에서 배가 지나가기만 해도 격렬히 반응.

- **2014.10.03** 14:50 강정항에서 해경의 모터보트 타고 접근. 꼬리 부분에 밧줄을 걸어 사체 회수 시도.
  * 보트에 접근하여 사체를 격렬하게 밀어냄. 밧줄 걸기가 어려움.
  * 사체에 밧줄을 걸어 사체를 밀어내기 힘들자 보트를 밀어내려 시도하기도 함.
- **2014.10.03** 14:50-15:50 사체 회수하여 서귀포항으로 이동.
- **2014.10.03** 15:50 서귀포항 입항.
  * 모터보트 접안 장소까지 따라와 사체를 밀어내려 시도. 수심 30cm 미만인 위치까지 접근.
- **2014.10.03** 15:57 * 서귀포항 밖으로 나간 후 시야에서 사라짐.

특이 사항

- 어민 제보: 3일 전부터 서귀포-보목항 근처에서 발견됨. 접근 시도하자 격렬하게 반응하고 날카로운 소리(휘슬음으로 추정)를 냄.
- 사체: 체장 214cm, 암컷.
- 주변 개체: 성별 확인 못함. 개체 식별 가능.

10월에 만난 이 큰 돌고래에게 '시월이'라는 이름을 붙여주었습니다. 방류한 돌고래뿐만 아니라 제주의 야생 돌고래에게도 이렇게 이름을 붙여주고, 등지느러미를 보며 알아보고, 관찰을 계속하고 있습니다.

2부부터는 돌고래들이 제주 바다로 돌아간 뒤부터 현재까지의 기록입니다. •••▶

2부

잘 지내?

2016년 봄

제돌이, 춘삼이, 삼팔이 그리고 시월이

'잘 지내요?' 라는 질문에 어떻게 대답하시나요? 어떻게 지내야 '잘' 지내는 걸까요. 큰 병 없이 건강에 문제없고, 끼니 거르니 않고, 쉴 공간이 있고, 함께 지내는 가족이 있고, 종종 만나서 수다 떠는 친구들이 있으며, 취미 생활을 즐길 수 있을 만한 여유가 있다면 그럭저럭 잘 지낸다고 말해도 괜찮지 않을까요?

　제가 제주도에서 지내는 동안 가장 많이 받은 질문입니다. 물론 질문의 대상은 제가 아니라 돌고래들입니다. 참 간단한 질문인데, 대답하기는 그리 쉽지 않습니다. 길게 얘기하기는 너무 평범한 일들만 잔뜩이라서요. 고민하다 결국 간단하게 '네'라고 대답하면 다들 무언가 아쉬워하는 기색을 보입니다. 좀 더 그럴듯한 이야기를 기대하시는 경우가 많거든요. 그럼 이렇게 대답합니다. '돌고래들은 저보다 훨씬 좋은 삶을 살고 있는 것 같아요.' 라고요. 좀 더 구체적으로 요약하자면 이렇게 얘기할 수 있을 겁니다.

　　'규칙적으로 숨을 잘 쉬고요(건강하고),
　　매일 물고기를 잘 사냥하고요(끼니 걱정 없고),
　　제주도 바다를 쉼 없이 계속 돌아다닙니다(자유롭습니다)'.

　　그런데 이 말도 질문하는 사람이 듣고 싶은 답은 아닌 경우가 많습니다. 우리의 삶에서 어떤 특별한 이벤트가 있어야만 잘 지내는 것이 아니듯, 돌고래도 마찬가지입니다. 특별한 사건보다는 매일매일 반복되는 일상들을 문제없이 살아내는 것이야말로 '잘' 지내는 것의 기본이 됩니다. 잘 지내면 잘 지낼수록 사람들에게 얘기할 만한 눈에 띄는 이야기를 찾기는 어려워집니다.

이미 우리는 살면서 큰 사건을 겪은 몇 마리의 돌고래들을 알게 되었습니다. 이제는 꽤 유명해진 방류 돌고래 제돌이, 춘삼이, 삼팔이입니다. 그리고 2015년에 방류한 태산이와 복순이도 있고, 2014년 10월 죽은 돌고래 주변을 며칠 동안 맴돌던 안타까운 이야기의 주인공인 시월이도 있습니다. 방류 이후 돌고래들은 어떻게 지내고 있을까요?

● **새로 생긴 가족**

방류한 지 3년이 지난 2016년, 어김없이 남방큰돌고래를 조사하고 있었습니다. 그러던 중 3월 28일 찍은 사진에서 무언가 눈에 띄는 것이

바닷가에서 돌고래를 찍은 사진입니다. 연구자들은 돌고래가 보이면 이렇게 사진을 찍고, 등지느러미 생김새를 보며 어떤 돌고래인지 알아냅니다. 등지느러미의 모양이 다 다르니까요. 방류 돌고래를 만나면 더 반가운 마음이 듭니다.

삼팔이와 새끼

있습니다. 삼팔이 옆에 작은 새끼 한 마리가 함께 있습니다. 놀랍기는 했지만 당시에는 그저 다른 돌고래의 새끼가 삼팔이의 곁에 잠시 다가온 것이겠거니 여겼습니다. 아기 돌고래는 주로 엄마 옆에 붙어 다니지만 엄마와 떨어져 같은 무리의 다른 돌고래에게 기웃거리는 경우도 여러 번 보아왔거든요. 좀 더 지켜볼 필요가 있었습니다.

기대감이 커지는 것을 막을 수는 없었습니다. 돌고래 무리를 발견할 때마다 평소의 2배 이상의 사진을 찍고 날마다 밤 자정이 넘어서까지 하루 5천 장이 넘는 사진들을 눈이 벌게지도록 들여다보며 삼팔이를 찾았습니다. 확인하고 싶었습니다.

2016년 3월 28일 이후로 몇 달 동안 삼팔이는 발견될 때마다 어김없이 새끼와 함께 헤엄치며(어미-새끼 유영 자세, mother-calf position) 다니고 있었습니다. 사람의 아기도 배냇짓을 하는 것처럼 아기 돌고래만의 특징이 있습니다. 사진을 통해서 삼팔이와 다니는 아기 돌고래가 늘 같다는 것도 확인했습니다. 며칠 동안의 관찰 끝에, 삼팔이가 새끼를

시월이와 새끼

낳은 것이라 결론을 내렸습니다!

그전에 2015년 11월 관찰될 때만 해도 삼팔이는 혼자 다니고 있었다는 점, 새끼의 크기 등으로 미루어 보아 새끼는 12월 초부터 1월 사이인 한겨울에 태어났을 확률이 높은 것으로 추정되었습니다.

그 과정에서 한 가지 더 기쁜 소식을 찾아냈습니다. 시월이도 새로운 새끼와 함께하고 있었습니다. 언론에는 삼팔이 얘기만 보도되었지만 그 이상으로 기쁜 소식이었습니다.

돌고래가 과거에 있었던 슬픈 사건을 어떤 방식으로, 얼마나 오랫동안 기억하고 있을지는 모릅니다. 그러나 2014년 당시, 마치 비명을 지르듯 물 밖에까지 선명하게 들리는 소리를 내며 어린 사체를 옮기는 보트를 따라오던 모습과는 달리, 옆에 착 달라붙어 발랄하게 물 위로 튀어 오르는 새끼와 함께 다니는 시월이의 모습이 더없이 좋아 보였습니다.

● **독자적 사회생활**

제돌이는 방류한 지 2년 뒤부터 짝짓기 그룹에서 종종 관찰됩니다. 수컷 돌고래들은 짝짓기를 하기 위해 몇 마리가 짝을 이루어 움직입니다. 한 마리가 짝짓기를 하는 동안 다른 수컷들은 암컷을 몰아 그날의 주인공인 수컷이 짝짓기를 무사히 마칠 수 있도록 돕습니다. 이 무리는 몇 년 정도 안정적으로 유지되기도 합니다. 제돌이는 아직 짝짓기를 직접적으로 시도하는 것이 관찰되지는 않았습니다만, 동일한 짝짓기 무리의 개체들과 지속적으로 함께 관찰된 만큼 제돌이의 새끼도 바다를 누비고 다닐 날이 머지않은 것 같습니다. 물론, 새끼가 아빠와 다니는 일은 없으니 이를 확인하기는 어렵겠지만요.

제돌이를 방류하고 2년 뒤, 방류한 돌고래가 있었지요? 복순이와 태산이입니다. 수족관에서 살 때 둘은 유달리 붙어다녔습니다. 서로에게 기대고 지내던 복순이와 태산이는 바다로 나가더니 각자 다른 관계를 만들어가기 시작했습니다. 같은 무리에서 발견되는 일은 종종 있지만 수족관에서처럼 둘이서만 붙어 다니는 모습은 보기 어렵습니다. 무리 안에서도 조금 떨어져 서로 다른 야생 개체들과 다니는 경우가 많고, 종종 다른 돌고래와 가슴지느러미를 붙이고 함께 유영하는 모습이

헤엄치고 있는 태산이

제돌이

무리와 함께 헤엄치는 복순이

발견되기도 합니다. '지느러미 비비기(Flipper rubbing)'라고 불리는 이러한 행동은 서로 친밀한 사이에서 나타납니다. 야생에서만 살던 돌고래들과 비교해서 밀리지 않을 만큼 탄탄한 근육도 선명합니다. 신나게 바다를 달리는 돌고래들은 몇 년 전 수족관 안에서 본 무기력한 돌고래들이라고는 믿을 수 없을 만큼 멋진 모습입니다.

춘삼이는 주로 작은 새끼를 데리고 있는 암컷 무리와 함께 관찰됩니다. 넙치와 같은 물고기나 해조류를 수면 위로 집어 던지며 노는 모습도 종종 보입니다. 언젠가 춘삼이 역시 삼팔이처럼 새끼와 함께 나타날 날이 있을 거라 믿습니다.

무리와 함께 헤엄치고 있는 춘삼이와 시월이

2016년 여름

춘삼이 소식입니다!

한여름인 8월 9일이었습니다. 다른 일로 분석해야 할 사진이 잔뜩 밀려 있던 터라 오랜만에 사진을 분석하기 시작했습니다. 사진을 보다 보니 무언가 눈에 들어옵니다.

● **엄마가 된 춘삼이**

등지느러미에 냉동 표식으로 숫자 '2'를 찍어두었던 개체 뒤쪽으로 무엇인가가 언뜻언뜻 보입니다. 작은 등지느러미로 보입니다. 끓어오르는 기대감을 가라앉히며 날짜를 거슬러 올라가며 사진을 분석하기를 며칠, 다시 한 번 좋은 소식을 전할 수 있게 되었습니다.

"춘삼이도 새끼를 낳았습니다!"

춘삼이와 새끼는 7월 20일, 처음 함께 나타난 이후 8월 11까지 총 여섯 번의 관찰에서 어김없이 함께 발견되었습니다. 물론 이후로도 계속 함께 다니고 있습니다. 1m가 채 되지 않은 작은 크기, 몸에 선명하게 드러난 배냇주름(fetal folds, 태어난 지 얼마 되지 않은 새끼가 가지고 있는 몸통의 줄무늬 자국), 엄마 돌고래 옆에 딱 달라붙어 있는 모습까지 의심할 여지없는 춘삼이의 새끼입니다. 이전에 마지

막으로 춘삼이가 관찰된 것이 6월 17일이었으니, 새끼는 6월 17일과 7월 20일 사이에 태어났을 것으로 추정됩니다.

　춘삼이는 비슷한 시기에 새끼를 낳은 서너 마리의 다른 돌고래들과 함께 다니는 경우가 많습니다. 특별히 건강상의 문제가 발생하거나 사고를 당하지 않는 이상 양육에 실패하는 일은 없을 것으로 보입니다. 태어난 지 한두 달밖에 되지 않은 어린 새끼는 하룻밤 사이 엄마를 따라 제주의 서쪽 끝에서 동쪽 끝으로 이동합니다. 이 작고 반짝반짝한 돌고래도 시간이 지나면 몸에 여기저기 긁힌 상처를 잔뜩 가진, 2m가 훌쩍 넘는 어른이 되겠지요. 춘삼이와 삼팔이의 새끼도, 지금 바다에서 폴랑폴랑 뛰어다니는 다른 모든 새끼 돌고래들도 그때까지 무탈하게 자랐으면 좋겠습니다.

　제주에 가신다면, 해안 가까이에 돌고래가 보이는지 둘러보세요. 혹시라도 등지느러미에 숫자가 찍힌 돌고래를 보게 된다면 이들이 되찾

2017년에 만난 춘삼이와 새끼

은 자유가 얼마나 멋진 것인지, 우리가 얼마나 굉장한 일을 한 것인지 생생하게 느낄 수 있을 것이라 생각합니다.

● **관찰을 멈춘다면?**

　대부분의 제주 남방큰돌고래들은 잘 지내는 것 같습니다. 일 년에 몇 번쯤 정치망에 돌고래가 들어갔다는 제보를 받기도 하고 죽은 돌고래가 해변으로 밀려오기도 합니다만, 정치망에 들어간 돌고래들은 대부분 그날 바다로 돌아갑니다. 가끔 죽은 채로 발견되는 돌고래에게도 사람이 위협을 한 상처나 흔적은 보이지 않습니다. 사람들이 돌고래를 아끼고 있다는 의미일 겁니다.

　가끔 방류된 돌고래들이 죽지 않고 잘 지내고 있는걸 알았는데 굳이 고생하며 연구를 해야 하는지 의문을 제기하는 사람들이 있습니다. 삼팔이나 시월이가 새끼를 낳았는지 확인할 수 있었던 것도, 방류된 돌고래들이 무사히 잘 지내고 있는지 알 수 있는 것도 꾸준하게 밀도 있는 연구가 이루어졌기 때문입니다. 돌고래를 들여다보는 것을 멈춘다면 우리의 관심은 표면적인 부분에서 머물게 될 뿐입니다. 야생의 돌고래가 들려주는 멋지고, 즐겁고, 슬픈 이야기들을 듣지 못하게 되겠지요. 지구 온난화, 환경 오염, 인위적 개발과 같은 온갖 변화를 겪으며 돌고래들이 어떤 영향을 받고 어떻게 대처하는지도 알 수 없을 겁니다.

　제 바람은 모쪼록 가능한 오랫동안 돌고래들을 지켜보는 것, 삼팔이와 춘삼이와 복순이와 시월이의 새끼들이 또 새끼를 낳고 제주 바다에서 살아가는 모습을 관찰하는 것입니다. 지속적인 관심과 투자, 더 많은 연구자들이 함께 할 수 있는 환경이 갖추어진다면 돌고래들은 물론, 지금은 찾아보기 힘든 다른 고래와 해양생물들과도 함께 살아가는 방법을 찾아나갈 수 있겠지요.

2016년 가을

새로운 친구 담이를 만난 날

제주 해안에는 '원담'이 있습니다. 자연적인 지형을 활용해 물고기를 잡는 시설입니다. 해안가에 돌로 가두리를 쌓고, 밀물을 따라 들어온 물고기들이 썰물 때 나가지 못하도록 막아둔 것입니다.

조수간만의 차이에 따라 밀물 때는 2m 이상 수심이 깊어지기도 하는 터라 가끔 돌고래들이 먹이를 먹기 위해 원담에 들어왔다가 물이 빠지기 전에 나가기도 합니다.

● **원담을 찾아온 돌고래**

9월 8일, 돌고래 한 마리가 원담 안에 들어왔다가 제때 나가지 못해 갇히고 말았습니다. 갇혔다고는 하지만, 시간이 지나 밀물이 차오르면 자연스럽게 나갈 수 있을 테고, 썰물 때에도 깊은 곳은 2~3m의 깊이를 유지하고 있어 돌고래가 좁으나마 몸을 움직이며 나가는 데에 문제가 없으며, 원담 안에 들어왔더라도 먹이가 될 만한 물고기들이 충분한 환경입니다. 연구팀은 돌고래의 움직임에 문제가 없는지, 상처를 입지는 않았는지, 건강상의 문제가 드러나지는 않는지 관찰하며 스스로 나갈 때까지 기다리기로 했습니다. 다음 날 새벽, 만조가 되어 물이 차오르자 자연스럽게 넓은 바다 쪽으로 돌아갔습니다.

두 달 지난 11월 5일, 한 통의 연락이 왔습니다. 같은 지역의 원담에 돌고래가 한 마리 갇혀 있다고 했습니다. 물때를 보니 그 전날 오후, 돌고래가 원담 안에 들어올 만큼 충분히 물이 찼던 모양입니다. 돌고래들

만약 담이처럼 해안가로 밀려왔거나, 다치거나 그물에 걸린 돌고래를 보았다면 어떻게 해야 할까요?
관할 해양경찰서나 국립수산과학원 고래연구센터, 해양동물전문 구조·치료기관에 신고를 해야 합니다.

이 가끔씩 이용하는 지역이기도 해서, 큰 걱정은 하지 않은 채 일단 상태를 확인하러 갔습니다. 아, 저번에 왔던 그 돌고래입니다. 9월에 왔다 간 녀석이 두 달 만에 다시 왔습니다. 상처도 없고 움직임도 큰 문제가 없어 보여 가벼운 마음으로 이번에도 기다렸습니다. 그리고 그 이후로 꼬박 13일 동안, 모든 일정을 접고 매일같이 원담에만 매여 있어야 했습니다. 돌고래에게 이름을 붙여주었습니다. '담이'입니다.

● **원담에 놀러오는 담이**

담이는 충분히 물이 차 올라도 밖으로 나가지 않았습니다. 다른 야생 돌고래 무리가 원담 가까이를 지나가도 따라가지 않았습니다. 원담에 들른 사람들은 가까운 3~10m 정도의 거리에서 돌고래가 보이자 환호하며 사진을 찍기도 했습니다. 그렇게 거의 2주가 지난 후, 파도가 치던 어느 날 드디어(!) 담이는 원담을 벗어나 사라졌습니다.

이유는 모르겠으나 담이는 스스로 원담에 들어와, 원할 때까지 원담에 머물렀습니다. 담이가 스스로 나갈 때까지 끝까지 지켜보았습니다. 원담에 물이 빠지면 주변에 낚시꾼이나 관광객이 돌고래 근처의 바위까지 접근할 수도 있고, 잘못된 상식으로 돌고래에 먹이를 주려고 시도하는 사람이 생길 수도 있습니다. 혹시나 담이가 얕은 물 쪽으로 잘못 이동하면 꼼짝없이 움직이지 못할 수도 있습니다. 원담 안에 먹이는 충분한지, 상처 등은 없는지, 소리는 내는지 등을 더 면밀하게 살펴보았습니다.

이러한 관찰 방법은 사람이 최소한 한 사람 이상 필요한, 품이 많이 들어가는 방법입니다. 언제 일이 끝나게 될지도 모르고요.

● **돌고래를 보호하는 방법은?**

계속 지켜보기가 힘드니 원담의 일부를 무너뜨려 인위적으로 물길을 터주자는 의견이나, 돌고래를 포획한 후 즉각 바다 쪽으로 돌려보내야 한다는 의견도 있었습니다. 현장 상황이나 돌고래의 상태에 따라 더 적합한 방안을 매번 고민합니다. 혹시라도, 만약, 담이 같은 돌고래가 원담에 들어와 한 달이고 두 달이고 눌러 살기 시작한다면 우리는 멀리서 지켜만 보아야 할까요? 어느 정도 접근을 허용해야 할까요? 스스로 좁은 공간에 들어와 나가지 않으니 누군가는 수족관으로 보내자고 하지는 않을까요?

관련된 사람들의 다양한 입장과 의견에 대한 논의가 충분히 이루어져야만, 우리는 인간과 가까이 사는 야생 동물을 맞닥뜨렸을 때에 그들에게 최선의 것을 제공할 수 있을 겁니다.

이 책을 만들던 2018년 여름에도 담이는 원담에 와서 머물다가 갔습니다. 담이에게 원담은 어떤 곳일까요?

2017년 여름

또 다른 방류 소식

어느 시기에 관찰을 하더라도 대체로 돌고래 무리에는 몇 마리의 어린 돌고래들이 섞여 있습니다. 다 자란 돌고래의 반 토막쯤이나 될까 싶은 작은 돌고래들도 때로는 어미 옆에서 슬며시 떨어져 꼬리로 수면을 두드리거나, 뛰어올라 몸통으로 떨어지는 연습을 합니다. 물론, 모두 성공하지는 않습니다. 충분히 물보라를 일으키지 못하거나 허공에 대고 허우적거리기도 합니다. 가끔은 무리의 맨 앞에서 폴랑폴랑 뛰어다니는 것처럼 튀어 오르기도 합니다.

이런 돌고래들의 모습을 보면 세상 걱정 하나 없이 살 수 있을 것 같습니다. 모여 다니면 그야말로 상어도 두렵지 않은 제주 바다의 최상위 포식자로, 사방에 넘치는 먹이들을 마음껏 먹고 마냥 자유로울 것 같습니다. 그런데, 실은 이들도 살아남기의 어려움을 겪는 평범한 동물들 중 하나일 뿐입니다.

● **금등이와 대포를 찾습니다**

2017년 7월 18일, 제돌이를 방류한 지 4년이 지난 해입니다. 서울대공원 수족관에 남아있던 두 마리의 남방큰돌고래 금등이와 대포를 제주 함덕에 방류하였습니다. 바다로 나가면 낯설고 생소한 환경이 아득하게 펼쳐집니다. 방류 과정에서 서로를 의지하여 생존률이 좀 더 높아질 수 있도록 두 마리 이상을 함께 보내는 경우가 많습니다. 그러나 금등이와 대포는 오랜 기간 수족관에서 함께 지낸 시간에 비해 서로 각별한 관계는 아니었던 것 같습니다.

　가두리에서 적응 훈련을 마치고 그물을 내린 뒤, 대포가 모습을 드러냅니다. 탐색하듯 가두리 주변 여기저기에서 모습을 보여주던 대포는 동쪽으로 느리게 이동합니다. 느리게, 그러나 일관된 속도로 대포가 멀어집니다. 대포를 따라가면 좋겠지만 금등이는 여전히 보이지 않습니다. 대포가 가두리 밖으로 나간 뒤 한참 지나서, 가두리 너머에서 등지느러미를 한 번 보여 준 금등이는 이후 어느 방향으로 이동했는지 확인할 수 없었습니다.

　그리고 이후로 지금까지 이 두 돌고래는 누구에게도 발견되지 않았습니다. 크고 작은 야생의 무리가 이 지역을 몇 번이고 지나쳤지만 그 돌고래 사이에서도 보이지 않았습니다. 누군가는 이들이 방향을 잘못 잡아 제주 바다를 떠나 다른 곳으로 간 것은 아닌지, 반대로 넓은 바다에 나가지 못하고 바닷가에 너무 바짝 붙어 있어 눈에 띄지 않는 것은 아닌지 걱정하고 있습니다. 가끔 해변으로 밀려오는 사체 중에도 금등이와 대포는 없었습니다. 지금까지 저희 연구팀은 물론 제주도에서 저

금등이와 대포의 냉동 표식(금등 6, 대포 7)

희를 도와주는 많은 분들이 찾고 있습니다. 눈앞에서 지나갔는데 미처 발견하지 못했기를, 방향을 잘못 잡아 이동했더라도 살아있기를 간절히 바랍니다.

혹시 제주도를 여행하시다가 돌고래를 만나게 되면 6, 7이 새겨진 등지느러미를 가졌는지 한 번쯤 눈여겨봐 주시기를 부탁드립니다.

● 끝나지 않은 시월이 이야기

2014년 10월, 새끼로 추정되는 사체를 간절히 밀어내던 시월이는 이듬해 새로운 새끼를 얻었습니다. 그리고 2017년 여름까지 이 새끼가 무럭무럭 자라 어미 옆에서 고개를 내미는 모습을 보는 것은 연구팀 모두의 즐거움이었습니다. 활발하게 헤엄치며 무사히 첫해를 넘겼으니 이제 큰 문제없이 살아갈 수 있을 거라고 모두 믿고 있었지요.

금등이와 대포를 찾기 위해 모니터링을 하던 어느 날, 시월이가 혼자 나타난 것 같은 기분이 듭니다. 시월이는 그다음 날도, 또 그다음 날도 만날 수 있었지만 새끼는 보이지 않습니다. 사진을 살펴보니 시월이의 새끼가 사라진 것은 아니었습니다.

사진에서 시월이의 새끼가 보이시나요? 얼마 전까지 발랄하게 돌아다니던 새끼의 등지느러미가 90도로 꺾여 있었습니다. 새끼의 작은 등지느러미가 쉽게 보일 리 없었지요. 새끼는 시월이 옆에서 마치 옆으로 누워 헤엄치는 것처럼 꺾인 등지느러미를 하고 엄마를 따라다니고 있었습니다.

돌고래는 참으로 튼튼하고, 다쳐도 꽤 빨리 회복하는 동물입니다. 배의 프로펠러에 등이 움푹 파이는 큰 상처를 입어도 회복하기도 하고, 낚싯줄에 걸려 등지느러미가 반쯤 잘려 나가도 문제없이 다니기도 합니다. 시월이의 새끼도 그럴 거라고 믿었습니다. 약간의 불편함은 있었

꺾여 있는 등지느러미

겠지만 한동안 시월이 옆에는 납작하게 누운 새끼의 등지느러미가 함께하고 있었으니까요. 그런데 2주쯤 지난 어느 날부터인가 시월이의 새끼가 사라졌습니다. 시월이는 또 한 번 새끼를 잃었습니다.

    연구자들은 수의사가 아닙니다. 그래서 확신할 수는 없지만 질병이라기에는 등지느러미가 꺾인 시기가 너무 갑작스러웠습니다. 원인은 잘 모르지만 아마도 어딘가에 강하게 부딪힌 것이 아닌가 합니다. 시월이는 아마도 한동안 또 혼자 다니겠지요. 그리고 언젠가 새로운 새끼와 나타날 겁니다. 모쪼록, 시월이가 더 이상의 아픔을 겪지 않기를 바랍니다.

2016년 4월에 관찰한 시월이와 새끼

● 돌고래들, 잘 지내지?

　제주에 사는 돌고래들은 우리가 보지 못하는 시간에도 기쁨과 슬픔을 겪으며 자신만의 이야기를 만들어가고 있을 겁니다. 담이는 2018년에도 역시 원담에 들어와 나가지 않아 연구팀의 속을 썩였고, 어미와 떨어져 홀로 항을 이틀 동안 헤매다가 사라진 작은 새끼도 있습니다. 새로운 새끼가 태어나기도 하고 이런 새끼 돌고래를 주변의 다른 어른 돌고래들이 함께 돌봐주기도 합니다.

　다행히 제돌이를 비롯한 다섯 마리의 방류 돌고래들은 올해도 무사히 넘긴 것 같습니다. 고래연구센터의 발표에 의하면, 방류한 뒤에 제주 남방큰돌고래들의 숫자가 늘어났다고 합니다. 우리가 보낸 돌고래들이 오랫동안 남방큰돌고래의 숫자를 늘리는 역할을 해 주기를 바랍니다. 물론, 가능한 사고 없이, 건강하게, 행복하게요.

만약 배를 타고 돌고래를 보러 간다면 어떻게 해야 할까요? 40~50m 거리를 유지해야 합니다. 그래야 쉼 없이 움직이는 돌고래의 행동을 방해하지 않습니다.

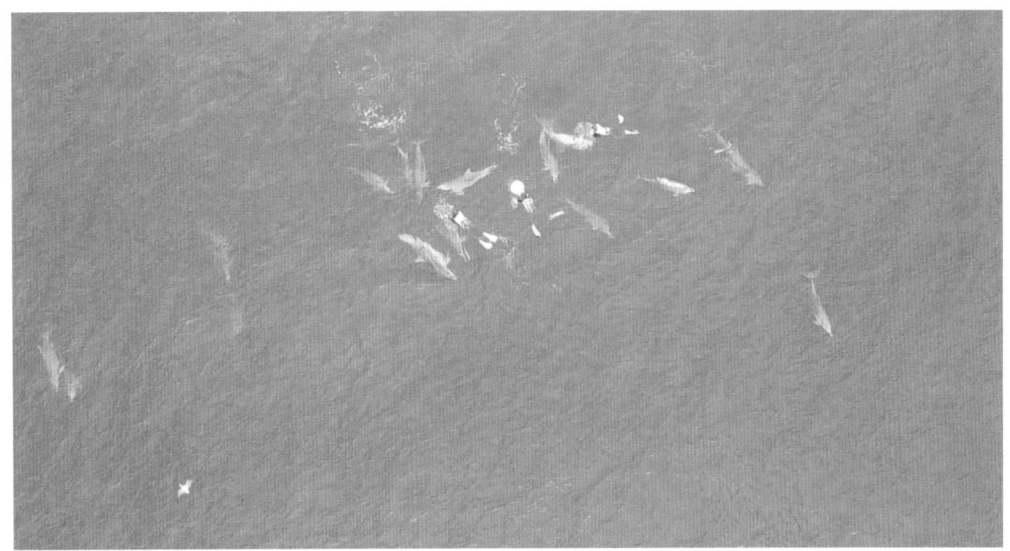

드론으로 관찰한 남방큰돌고래 무리. 드론을 이용하여 움직임을 추적하며 관찰하거나 기록할 수 있습니다. 드론의 접근은 돌고래에게 스트레스를 줄 수 있습니다. 배는 최소 50m 이상 떨어진 거리를 유지해야 하듯 드론은 30m 이상 떨어져서 관찰합니다. 제주 해녀들도 보입니다. 관찰을 하다 보면 남방큰돌고래들은 보통 다이버나 보트 등을 피하는 경우가 많은데, 해녀는 익숙한 친구처럼 여기는지 먼저 접근하기도 합니다.

힘차게 물 위로 뛰어오른 남방큰돌고래. 2018년 제주에서 만난 아기 돌고래입니다. 물위로 뛰어올라 몸통으로 떨어지며 물보라를 일으키는 이 행동을 브리칭(breaching, 고래 뛰기)이라고 합니다. 모든 돌고래가 올해도 앞으로도 건강하게 자라길 바랍니다.

지금이라도 돌고래를 보러가고 싶지요?
마음만 먹으면 우리는 제주 돌고래를 보러갈 수 있어요.
그 전에 다음 이야기를 꼭 읽어주세요. ●●●▶

나가며

웃고 있는걸까?

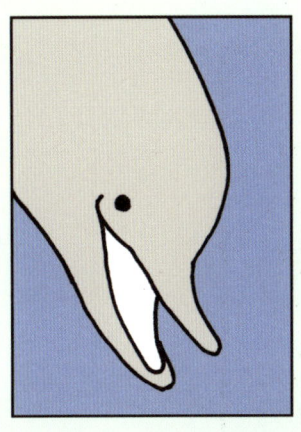

웃지 않아도 괜찮아

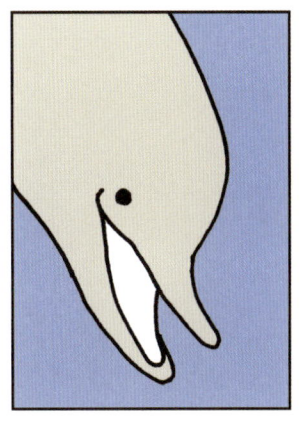

돌고래는 사람들에게 인기가 참 많은 동물입니다. 머리가 좋고, 인간에게 공격적이지 않은 데다가 외모도 귀엽기 때문일 겁니다. 우리가 책에서, 화면에서, 수족관에서 만나는 돌고래들은 항상 웃는 얼굴로 우리를 봅니다. 수족관의 고래가 귀여운 얼굴로 다가와 머리를 이리저리 돌리며 사람들을 쳐다보는 모습은 더없이 친근하게 보입니다. 그러나 그런 외모 때문에 우리는 돌고래를 이해하지 못하고 있는지도 모릅니다. 웃는 얼굴이니 즐거울 거라고, 나를 좋아하는 거라고 짐작하는 겁니다.

사실 돌고래는 감정을 얼굴에 드러낼 수 있는 동물이 아닙니다. 돌고래는 얼굴의 표정을 바꿀 수 있는 근육이 없기 때문에 즐거워도, 괴로워도, 슬퍼도, 화가 나도, 고통스러워도 항상 같은 표정을 하고 있습니다. 어쩌면 우리는 지금도 웃는 얼굴로 괴로워하고 있는 또 다른 돌고래들을 보며 즐거워하고 있을지 모릅니다.

모두 이름이 있어요

얼핏 보면 돌고래들은 모두 똑같은 얼굴, 비슷한 몸집과 색깔, 비슷한 소리를 내는 것처럼 보입니다. 그러나 좀 더 자세히 눈여겨보거나 시간을 들여 이들의 행동을 관찰하면 모두 똑같이 보이는 돌고래들이 조금씩 구별이 되기 시작합니다. 모든 돌고래들은 서로 다른 상처와 흉터를 가지고 있습니다. 같은 상황에서도 서로 다른 행동을 보이는 돌고래들은 각각 개성이 있고, 자기만의 사연을 가지고 있는 독립된 개체들입니다.

돌고래들도 서로 조금씩 다르게 생겼습니다. 가두리에서야 2~3마리밖에 되지 않는 개체들을 얼굴, 몸집, 색, 등·가슴·꼬리지느러미의 형태로 구별하는 건 쉽지만, 10마리가 되고, 20마리가 되고, 50마리가 되면 쉽다고 말하기는커녕 구별한다고 말하는 것도 확신할 수 없습니다.

사람은 얼굴로 서로를 구분합니다. 국가에서는 지문을 등록시키고 개인을 구별하지요. 얼굴은 비슷할 수도 있지만 지문이 똑같은 경우는 없으니까요. 연구자들은 돌고래의 등지느러미를 일종의 지문처럼 사용합니다.

바다에서 나타나 순식간에 사라지는 돌고래. 짧은 시간 가장 확실하게 볼 수 있는 것이 등지느러미이기도 하고, 등지느러미에 난 상처는 사람의 지문처럼 다른 개체와 똑같을 수 없기 때문입니다. 야

제돌이와 춘삼이만 보여?

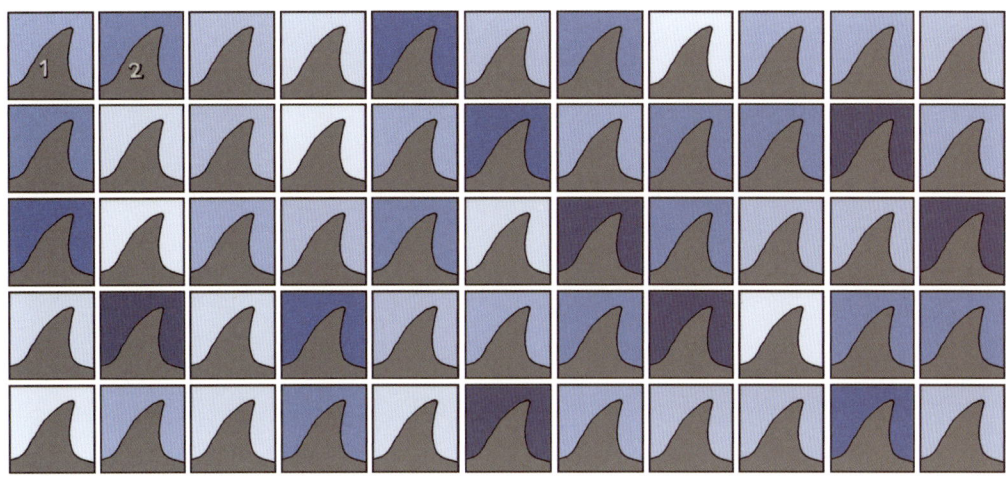

제주도의 모든 돌고래가 보여!

사람의 지문처럼 제주 돌고래의 등지느러미 생김새를 기록해 둡니다. 연구를 위한 식별번호는 제돌이가 1이고,
시월이는 62입니다. 이처럼 관찰된 모든 돌고래에게는 번호를 매겨 수 년 동안 추적 관찰합니다.
방류 돌고래들, 시월이나 담이처럼 특별한 이야기가 있거나 특징적인 상처가 있다면 이름을 붙입니다.
이름을 붙인 개체는 그리 많지 않습니다.

생에서 돌고래를 마주치면 우리는 정신없이 사진을 찍어댑니다. 가능한 많은 개체를 대상으로 순식간에 지나가는 돌고래의 등지느러미에 정확히 초점을 맞추어 찍어야 하지요. 나중에 이를 비교해서 이전에 발견되었던 개체 중 또 발견된 개체가 있는지, 그렇다면 추가로 생겨난 상처는 없는지 등등을 발견된 시점의 여러 정보들과 함께 기록해 둡니다.

디지털카메라가 있어서 현상, 인화 과정을 거칠 필요는 없지만 대신에 정보량이 많아져 하루에 수백 장에서 수천 장의 사진을 세세히 관찰하고 정리해야 합니다. 이러한 자료들이 모여 우리 바다에 돌고래가 몇 마리 사는지 등을 추정할 수 있게 되는 거지요.

등지느러미의 변화는 돌고래들의 역사이기도 합니다. 다른 개체들과 장난을 치면서 작은 상처들이 늘어나기도 하고, 사고를 당해 등지느러미의 일부가 떨어져 나간 채로 나타나기도 하거든요. 아주 어린 돌고래들은 등지느러미에 상처가 거의 없습니다. 이들이 커가며 겪는 크고 작은 사건들이 그들의 몸에 작은 상처들을 남기지요. 바다로 나가기 전의 삼팔이, 춘삼이, 제돌이 세 마리의 돌고래들도 실내에서만 살던 돌고래들답게 상처도 거의 없고 피부도 반질반질한 편이었습니다. 그러나 방류 몇 달 후, 바다에서 마주친 이들은 근육도 늘고, 몸에 자잘한 상처도 많이 늘어났습니다. 상처가 늘었다고 걱정하실 분도 있을지 모르지만 저는 이 상처가 자랑스럽습니다. 바다에서, 다른 돌고래들처럼 활발하게 지내고 있다는 증거이기도 하거든요. 이 돌고래들은 이제 바다에서 자신들의 역사를 만들겠지요.

종이나 환경의 특성에 따라 차이는 있지만 보통 해양 포유류에서 '최소 생존 가능 개체군'을 500마리 이상인 것으로 보고 있습니다. 최소 생존 가능 개체군은 하나의 집단이 유지되기 위해 필요한 최소 개체 수입니다. 500마리는 되어야 근친 교배로 인한 부작용을 방지하고 갑작스러운 환경 변화와 같은 위협에도 대처하고 살아남을 수 있다고 보는 거지요. 현재 제주 바다의 남방큰돌고래는 120여 마리입니다. 제돌이, 춘삼이, 삼팔이, 복순이, 태산이 들을 바다로 돌려보내며 조금 나아질 수 있는 가능성을 높였지만 여전히 한참 모자랍니다. 조금씩 느리게라도, 이 놀랍고 멋진 생명들이 늘어나기를, 바다에서 자유롭게 뛰어다니는 것이 더 많이 목격되기를 바랍니다.

돌고래들을 보호해야 할 이유는 수없이 많지만, 무엇보다도 돌고래가 있는 바다는 그렇지 않은 바다보다 훨씬 멋집니다. 돌고래 연구자들은 앞으로도 멀찌감치서 돌고래가 뛰어노는 바다를 지켜볼 생각입니다.

편집 후기

저듸, 곰새기! 저기, 돌고래!

'제돌이'는 한때 아주 유명한 돌고래였습니다. 우리나라에서 수족관에 갇혀 있다가 바다로 돌아간 첫 번째 돌고래였거든요. 2013년 여름, 연구자, 시민단체, 정부 등이 힘을 모아 원래 살던 제주로 보냈습니다. 방류한 지 이제 5년이 넘었습니다. 잊고 있었다는 것도 모른 채 지냈습니다. 그러다 방류하기 전부터 꾸준히 관찰해온 여성 과학자들이 있다는 걸 알게 되었습니다. 제돌이가 잘 지내는지 궁금해졌습니다. 돌고래 과학자들을 찾아갔습니다.

과학자들이 돌고래를 찍은 사진은 해마다 수천, 수만 장씩 쌓이고 있었습니다. 그동안 제돌이뿐만 아니라 모두 7마리의 돌고래를 제주 바다에 되돌려 보냈고, 그들을 추적 관찰하고 있었습니다. 과학자들은 돌고래의 생활, 그러니까 먹고, 모여살고, 새끼를 낳고, 어쩌다 다치거나 죽는 일까지 관찰한 모든 행동을 기록하고 알렸습니다. 현재는 방류 돌고래뿐만 아니라 제주의 해양동물 전체로 시야를 넓히고 있었습니다.

제주에 사는 돌고래 이름은 '남방큰돌고래'입니다. 물고기를 잡아먹으며, 물고기를 사냥할 때에 여러 마리가 힘을 모아 잡기도 한다는 걸 배웠습니다. 그리고 먼 바다에 나가서 살지 않고 육지와 가까운 바다에 살기 때문에 바닷가에서도 운이 좋으면 볼 수 있는 것도 알았습니다. 그리고 아기 돌고래에게는 '배냇주름'이 있다는 것도 알게 되었어요. 알아갈수록 돌고래가 생생한 생명체로 다가왔습니다.

또 대단한 사실도 알게 되었습니다. 사람에게 잡혀있던 돌고래를 돌려보낸 나라는 꽤 있지만, 방류 돌고래가 새끼를 낳은 것을 알아내고 기록된 것은 제주의 방류 돌고래뿐이었습니다. 제주 바다가 생생한 생명들의 마을로 느껴졌습니다.

돌고래에게 관심이 많아지길 바라면서도 연구자들은 여전히 걱정이 많습니다. 현재 제주 돌고래를 연구하고 있는 해양동물생태보전연구소(MARC) 김미연 연구원에 따르면, 돌고래를 가까이 보려고 낚싯배, 고무보트, 제트스키 등을 타고 돌고래 무리를 쫓는 사람들이 점점 늘고 있다고 합니다. 스쿠버다이빙을 하거나 직접 수영을 해서 돌고래들에게 다가가려는 사람도 있고요. 게다가 사진을 찍으려고 드론을 아주 낮게 날려가며 돌고래를 쫓기도 한다는군요. 돌고래가 물 위로 뛰어오르는 행동을 할 때 윙윙 소리를 내는 희한한 물체가 떠있다면 돌고래가 얼마나 놀랄까요?

연구자들도 가까이에서 관찰을 할 때가 있습니다. 소리나 행동 연구 등에서 더 좋은 자료를 얻을 수 있기도 하니까요. 하지만 반드시 필요할 때가 아니면 안전한 거리를 유지합니다. 연구보다 앞서 돌고래들이 바다에서 안전하고 자유롭기를 가장 바라기 때문입니다.

방류 돌고래들이 합류한 뒤, 제주 남방큰돌고래 개체 수가 늘었다는 반가운 소식도 있습니다. 한창 이 책을 만들던 2018년 여름, 복순이가 새끼를 낳은 것도 관찰했습니다! 사람들이 돌고래의 생활환경과 행동을 무시한다면 돌고래는 급격히 줄어들 수도 있습니다. 장수진 저자의 말처럼 돌고래가 있는 바다는 돌고래가 없는 바다보다 훨씬 더 멋집니다. 현재 120마리에서 더욱 개체가 늘어나 적정한 500마리 개체군이 뛰어노는 제주 바다가 된다면 더 멋질 것입니다.
'제돌이'에서 시작된 관심이 다른 수족관에 갇힌 돌고래로 이어졌고, 방류 돌고래는 최근 6년 동안 꾸준히 늘었습니다. 과학자들의 관찰도 꾸준히 이어졌으며 이제 제주 전체 돌고래를 관찰하고 있습니다. 이 책의 차례도 제돌이로 시작해 제주 모든 돌고래를 느낄 수 있도록 편집하였습니다. 제돌이가 주인공이면서 동시에 제주 모든 돌고래들이 주인공입니다.
'저듸(저기)'에 있는 '곰새기(돌고래)'들을 연구자들처럼 멀찌감치서 지켜보며 같이 응원해요. 돌고래가 사는 바다를 안전하고 깨끗하게 지키는 일에도 관심 가져주세요. _편집자 노정임

● **해양동물생태보전연구소(MARC, 마크)는 어떤 곳인가요?**

MARC(Marine Animal Research and Conservation)는 해양동물의 생태 및 보전을 목적으로 하는 연구 중심의 비영리단체입니다. 바다에는 수많은 해양생물들이 서식하고, 이들은 모두 고유한 행동, 사회, 의사소통 등을 보이는 생태적 특성을 가지고 있습니다. MARC의 목표는 제주 남방큰돌고래를 시작으로 우리 바다에 서식하는 다양한 해양생물들의 생태 및 보전과 관련된 연구를 지속적으로 진행하고 이를 학술적 연구 결과물로 내놓는 것은 물론, 이러한 정보들을 대중에게 알리는 것입니다. 해양생물의 생태연구를 통해 이들에 대한 우리의 이해를 높이고 궁극적으로 이 아름다운 생물들과 함께 살아갈 수 있는 발판을 마련할 수 있을 것이라 생각합니다. 현재, 연간 수천 시간의 관찰을 통해 다양한 방면의 데이터를 수집하여 분석하고 있습니다. 이러한 연구들이 경제적 가치 이상으로 과학적 사고방식을 기르고 자연을 대하는 태도를 기르는 데 큰 의미를 가지고 있다고 생각합니다. 저희의 큰 목표는 다양한 생물, 특히 해양동물들의 생태와 진화를 연구하고, 인간의 활동이 해양 생태계에 미치는 영향을 연구하는 것입니다. 이를 통해 인간이란 동물은 자연계에서 어떤 위치에 놓여 있는지, 지구상의 다른 생물종들과 어떤 관계를 맺으며 살아갈 수 있는지 알 수 있게 될 거라 생각합니다.

이 도서는 한국출판문화산업진흥원의 출판콘텐츠 창작 자금 지원 사업의 일환으로
국민체육진흥기금을 지원받아 제작되었습니다.

저듸, 곰새기
제주 돌고래, 동물 행동 관찰기

초판 1쇄 2018년 12월 21일 펴냄
초판 2쇄 2020년 9월 21일 펴냄

글·사진 _ 장수진
그림 _ 김준영
편집 _ 노정임
도움주신 분 _ 이정준(65쪽 사진), 김미연(69쪽 사진)
디자인 _ 토가 김선태
인쇄·제본 _ 갑우문화사

펴낸곳 _ (도서출판) 아이들은자연이다 | 등록번호 _ 제2013-000006호(2013년 1월 17일)
주소 _ 서울 양천구 목동서로 37, 908호 | 전화 _ 02-332-3887 | 전송 _ 0303-3447-1021
전자우편 _ aja0388@hanmail.net | 블로그 _ blog.daum.net/aja0388

© 장수진, 김준영, 노정임 2018

ISBN 979-11-88236-11-4 73470

* 이 도서의 국립중앙도서관 출판예정도서목록(CIP)은 서지정보유통지원시스템 홈페이지(http://seoji.nl.go.kr)와
  국가자료공동목록시스템(http://www.nl.go.kr/kolisnet)에서 이용하실 수 있습니다.(CIP제어번호: CIP2018039292)
* 잘못 만들어진 책은 구입하신 곳에서 교환해 드립니다.
* 책값은 뒤표지에 있습니다.

아이들은자연이다(아자) 출판사 이름에는 현재 우리 아이들과, 한때 아이였던 모든 이들이
건강한 자연의 에너지를 담뿍 안고 있음을 잊지 않으며 책을 만들겠다는 마음을 담았습니다.
사람과 자연을 이해하고 응원하는 책을 만들기 위해 노력합니다.

어린이제품 안전특별법에 의한 기타 표시

제조자명 아이들은자연이다 | **제조국명** 대한민국 | **제조년월** 2020년 9월 | **사용연령** 8세 이상
전화번호 02-332-3887 | **주소** 07984 서울시 양천구 목동서로 37, 908호
주의사항 종이에 베이거나 긁히지 않도록 조심하세요. 책 모서리가 날카로우니 던지거나 떨어뜨리지 마세요.